God Loves
Cancer People Too

Dios ama
a las personas con cáncer también

Winston E. Malcolm Baxter

PAGE PUBLISHING, INC.
Conneaut Lake, PA

First originally published by Page Publishing 2021

ISBN 978-1-6624-9059-0 (pbk)
ISBN 978-1-6624-9081-1 (digital)

Printed in the United States of America

PAGE PUBLISHING, INC.
Conneaut Lake, PA

Primera publicación original de Page Publishing 2021

ISBN 978-1-6624-9059-0 (Versión Impresa)
ISBN 978-1-6624-9081-1 (Versión electrónica)

Libro impreso en Los Estados Unidos de América

To my mother Thelma.
To my wife Lydia.
To all my brothers and sisters.
To my children: Damaris, Yaritza, Denzel, and Omar.

A mi madre Thelma.
A mi esposa Lydia.
A todos mis hermanos y hermanas.
A mis hijos: Damaris, Yaritza, Denzel y Omar.

Content/Índice

Acknowledgment/Agradecimiento

Bible quotations from King James Reina Valera version by Oleg Shukalovich. Updated online, January 5, 2018.

Citas bíblicas tomadas de la versión King James - Reina Valera. Por Oleg Shukalovich. Actualizado en línea 5 de enero, 2018.

I recognize my wife, Lydia, and her sister Fidencia for their patience and support in everything.

Reconozco a mi esposa, Lydia y su hermana Fidencia, por su paciencia y apoyo en todo.

Introduction

Poems tell how people feel. I will show the whole world God's love with these poems. Helping to heal, with the help of GOD, like doctors, words can work in wonderful ways.

Poetry inspired by God's Word can really help people in desperate situations around the world. Every suffering patient, family, friend, health-care worker, lover of good reading will go on a journey toward the world of beautiful words, selected, to give hope.

Written originally in that room, where I lived so close to death, at one of America's thirty Hope Lodge that help people hoping to live free from pain and fear of cancer, the work was finished during the time of the COVID-19 crisis.

God's Word gives power to everybody, everywhere, in colleges, at homes, in clinics, on the streets, and especially in churches. These poems have been written in that spirit, for those thinking of spiritual things to have something to praise God while thinking about the sick.

Like good godly music, poetry can also be a light to shine and give energy to people in all nations. This work is presented in two widely used languages. Here, English and Spanish will work together, like twin brothers, for the benefit of many godly people hoping to see and live His Word in more than one language as the whole world is being joined today online.

I give God thanks for that and the opportunity to expand His Word in this form!

Introducción

Las poesías dicen como la gente se siente. Enseñaré al mundo entero palabras de Dios con estos poemas. Ayudando a sanear, como los médicos, las palabras pueden trabajar en formas maravillosas.

Las poesías inspiradas en la palabra de Dios realmente pueden ayudar a personas en situaciones desesperadas en todo el mundo: los pacientes, familiares, amigos, médicos, personal de apoyo en las clínicas y hospitales, así como amantes de la buena lectura entrarán a un viaje hacia el mundo de las bellas palabras, seleccionadas para dar esperanza.

Escritas originalmente en aquel cuarto, donde estuve tan cerca de la muerte, en uno de los treinta Hogares de Esperanza en los Estados Unidos de América, el trabajo fue revisado y finalizado durante la crisis causada por la pandemia de COVID-19.

La palabra de Dios da poder a todos en todas partes: en las universidades, en los hogares, en las clínicas, en las calles, y especialmente en las iglesias. Estos poemas han sido escritos en ese espíritu para que aquellos que cavilan en cosas espirituales tengan algo para alabar a Dios mientras piensan en los enfermos.

Como la buena música de Dios, la poesía también puede dar luz que brilla e inunda de energía a personas en todas las naciones. Este trabajo ha sido presentado en dos idiomas ampliamente usados en el mundo. Aquí, el español y el inglés están juntos, como dos hermanos mellizos para el beneficio de mucha gente de Dios con la esperanza de ver y vivir su Palabra en más de un idioma, al estar el mundo entero unido, en línea, por medios electrónicos.

¡Le doy gracias a Dios por eso, y por la oportunidad de expandir su Palabra en esta forma!

Part I

Personal Feelings from Living with Cancer

Parte I

Sentimientos personales de vivir con cáncer

The Power of These Words

"Jesus Answered, It Is Written: Man
Shall Not Live on Bread Alone,
But on Every Word That Comes From
The Mouth of God"
(Matthew 4:4)

As you and I take this flight,
this timeless carrier will deliver
most powerful weapons to fight,
and gain the world of wisdom forever.

You and I will enjoy this journey,
beyond the universe of wisdom.
That light will be better than money,
to hearts and souls saying welcome.

You and I might stop awhile on the way,
only to see the deep ocean of knowledge.
Hoping the whole world take this pathway
fill with rich spiritual food the Lord provided.

The Lord knows why this journey came to be:
That you and I be married forever with these words.

El poder de estas palabras

"Jesús contestó: Está escrito: No solo de pan
vivirá el hombre, sino de toda palabra que
salga de la boca de Dios". (Mateo 4, 4).

Al tomar este vuelo tú y yo,
este eterno mensajero
entregará el más poderoso
armamento para luchar
y ganar el mundo de sabiduría
para siempre.

Al disfrutar tú y yo este viaje,
más allá del universo de la sabiduría,
aquella luz será mejor que dinero;
en corazones y almas diciendo
bienvenido.

Tú y yo podríamos parar un momento
en el camino, solamente para ver
el profundo océano de conocimientos.
Esperanzados que el mundo entero,
tome este camino, lleno de alimento
espiritual que el Señor ha proveído.

El Señor sabe porque este viaje se ha producido:
para que tú y yo estemos casados para siempre
con estas palabras.

I Have a Friend

"God Will Protect US"
(Psalm 5:11)

I have a friend that cares for me
and helps me all the time.
He gives me life, health, and name.
He saves me every time.

I have a friend that came to me
and asked me His name.
I replied, "The God that sustains me."
He said, "I will remain with thee."

I have a friend I can always trust.
He will always let me feel assured.
He never leaves me alone, in distrust.
I have a friend that makes me secure,

He always keeps me safe in His arms.
He assured me, "His love will always be sure."

Yo tengo un amigo

"Dios siempre nos protegerá."
(Salmo 5, 11).

Yo tengo un amigo que cuida de mí,
y me ayuda todo el tiempo;
él me da vida, salud y nombre.
Él me salva todo el tiempo.

Yo tengo un amigo que vino a mí,
y me preguntó su nombre,
Yo contesté: "El Dios que me sostiene".
Él contestó: "Contigo me mantendré".

Yo tengo un amigo en quien siempre confiaré
Él siempre me hará sentir seguro.
Él nunca me dejará solo y desconfiado.
Yo tengo un amigo que me hace sentir asegurado.

Él siempre me mantiene en sus brazos.
Él me ha asegurado: "Su amor siempre estará seguro".

One Earth for Everyone

"We Must Obey God's Commandments"
(Matthew 5:19)

The Lord made one earth for us to live,
we cut it up our way.
only to find ways to show how to leave
everyone far away.

The Lord made one sun for all of us,
to see, enjoy, use, and share everywhere.
We made all places on earth dangerous,
No one can walk, work, wonder anywhere.

The Lord made one atmosphere for us to care,
live, move in, see, and feel the sweet air.
We dangerously damage it all the way.
No one can breathe that free anywhere.

The artificial art of human differences made
even angels wonder why things turned this way?

Una tierra para todos

"Debemos obedecer las órdenes de Dios."
(Mateo 5, 19).

El Señor hizo una tierra para que todos
podamos vivir,
lo partimos a nuestra manera;
solo para dejar apartados a todos.

El Señor hizo un sol para todos nosotros
ver, disfrutar, usar y compartir en todas partes.
Hicimos todas partes en la tierra tan peligrosas;
nadie puede caminar, trabajar o hasta maravillarse
en alguna parte.

El Señor hizo una atmósfera para cuidar,
vivir, movernos, ver y sentir su dulce aire.
Nosotros peligrosamente la dañamos toda.
Nadie puede respirar libremente en cualquier lado.

El arte artificial de diferencias humanas hizo hasta
los ángeles preguntar el por qué salieron así las cosas

Those Humans with Cancer

"Perfect Love Drives Out Fear"
(1 John 4:18)

Those humans with cancer feel
the agony and pain,
as that malicious creature in fragile
bodies talk so plain.

Those humans with cancer see
the deep dark precipice
at life's edge and fight to foresee
the day of that saving recipe.

Those humans with cancer taste
the bitter poison. Only fighting
that is so difficult. Feeling like waste,
many cry, while still live fearing.

Those humans with cancer remain
hoping God will provide healing.

Aquellos humanos con cáncer:

"El amor perfecto destruye el temor."
(1 Juan 4, 18).

Aquellos humanos con cáncer sienten
la agonía y el dolor,
mientras esa maliciosa criatura
en frágiles cuerpos humanos
habla claramente.

Aquellos humanos con cáncer ven
el oscuro, profundo precipicio
de la vida, y pelean para ver
el día de aquella salvadora receta.

Aquellos humanos con cáncer saborean
el amargo veneno. Luchando contra eso
es tan difícil. Sintiéndose como basura,
muchos lloran mientras viven con temor.

Aquellos humanos con cáncer se mantienen
en esperanza que Dios los sanará.

Seeking God in Difficult Moments

"Lord, Hear My Cry for Mercy"
(Psalm 28:2)

In the most painful, difficult moments,
the sky seemed smaller and unclear.
I only saw dark clouds without movement.
I closed my eyes for them to disappear.

But that seemed impossible. I cried within for help.
Feeling helpless, desperately weak, and so cold,
I could not talk without trembling up to the head.
Warm blanket, hot food, close bodies—nothing could.

From within, that powerful light helped make clear
That only God could help in most difficult moments.
So I began to open my eyes and saw that bright glare
from the powerful sun as I went deep into laments.

My Lord was listening with compassion even when I
only saw His loving mercy in those difficult moments.

Buscando a Dios en momentos difíciles

"Señor, escucha mi plegaria por piedad"
(Salmo 28, 2)

En los momentos más dolorosos, difíciles
el firmamento pareció más oscuro
y más pequeño.
Solo vi nubes oscuras sin movimiento.
Cerré los ojos y traté de hacer todo
desaparecer.

Pero eso parecía imposible. Lloré por ayuda.
Sintiéndome indefenso, débil y frío:
no podía hablar sin temblar, hasta la cabeza.
Sábanas tibias, comida caliente, cuerpos cercanos
nada podría.

Desde dentro, aquella poderosa luz hizo aclarar
que solamente Dios podría ayudar en los momentos
más difíciles.
Entonces, comencé a abrir los ojos y vi aquella
luz brillante, del poderoso sol, mientras entraba
en profundas lamentaciones.

Mi Señor estaba escuchando con compasión
aun cuando solamente veía su amorosa misericordia
en aquellos momentos difíciles.

Church Revisited

"We Must Love Our Church Brothers"
(1 Thessalonians 3:12)

I walked into the home of the Lord
one more time. Like always, I felt
His spirit, in there still, like a guard,
among souls that moved like rockets.

I searched my church for my chair,
for the brethren, I had left some
time ago. I saw the choir and a pair
of ushers, smiling, to show welcome.

I stood still, in front of that familiar altar,
and raised my hands, singing to Him.
I was so concentrated, nothing could alter
my feelings of happy return to this home.

One more time, I smelled the sweet aroma
of that wine and bread in time of passion.

Iglesia revisitada

"Debemos amar a nuestros hermanos de la Iglesia"
(1 Tesalonicenses 3, 12)

Caminé hacia dentro del hogar del Señor
una vez más. Como siempre, sentí su
espíritu, todavía allí dentro, como un guardia,
entre almas que se movían como cohetes.

Busqué por mi silla en la iglesia,
por aquellos hermanos que había
dejado un tiempo atrás. Vi el coro
y un par de acomodaras, sonriendo,
como para dar la bienvenida.

Me paré firme delante de aquel altar familiar,
con las manos alzadas cantándole a Él.
Estaba concentrado, nada podría alterar
mis sentimientos, de feliz retorno a este hogar.

Una vez más, olí el dulce aroma
del vino y el pan de aquel momento
de pasión.

Each Last Moment of Life

"I Will Not Die, But Live to Declare God's Work"
(Psalm 118:17)

That light from the wide-open door of life
suddenly began to fade and weaken inside.
All sordid signs pointed to a shorter life.
Each last moment of life claimed that sigh.

When life seems like that parting wagon
without direction or sense of return,
each sniff, each breath, each second
points to that last moment to turn around.

Why not seek the Lord in those last moments?
Even then, He shows each soul He saves.
He gives eternal salvation without torments.
Any soul that turns to Him will live that surprise.

Remember that even then, in each last moment,
God says, "I am your Savior. Look to me for salvation!"

Cada último minuto de vida

"No moriré, pero viviré, para contar las obras de Dios"
(Salmo 118, 17)

Aquella luz de amplia, abierta puerta de la vida,
repentinamente, comenzó a desvanecerse
y debilitarse dentro de mí,
todos los sórdidos signos apuntaban
a una vida más corta.
Cada último minuto de vida reclamaba
ese último suspiro.

Cuando la vida parecía una carreta saliendo
sin dirección ni sentido de retorno,
cada inhalación, cada suspiro, cada segundo,
apuntaba hacia aquel último momento
para cambiar y dar la vuelta.

¿Por qué no buscar a Dios en estos últimos momentos?
Aun entonces, Él demuestra que salva,
y brinda salvación eterna sin tormentos.
Cualquier alma que se voltea a Él, vivirá
aquella sorpresa.

Recuerda, aun entonces, en ese último momento,
Dios dice: "Soy su Salvador, ¡búscame para su salvación!".

I Will Fight This Cancer
to Do God's Will

"We Must Live to Do God's Will"
(Psalm 40:8)

I will fight this cancer to fulfill his will.
I will ask Him to add more strength to me
that I can win this fight and wait until
when I can see His light brighter on me.

I will fight this cancer with God's will,
and when I have won the battle,
I will wake one morning with shining eyes,
seeking Him more than before the struggle.

This fight, I know now, no one can ever win
without devotedly searching for Him.
The enemy has tried hard to keep me in sin,
yet I have asked my God for strength within.

I know that day will soon come when I will
clearly see my winning battle.

Combatiré este cáncer para hacer la voluntad de Dios

"Debemos vivir para hacer la voluntad de Dios"
(Salmo 40, 8)

Combatiré este cáncer para cumplir su voluntad.
Le pediré a Él que me brinde más fuerzas
para poder ganar la batalla hasta cuando
pueda ver su luz brillar más fuerte sobre mí.

Batallaré este cáncer de acuerdo con su voluntad
y cuando haya ganado la batalla,
despertaré, una mañana, con ojos brillantes,
buscándolo a Él, aun más que antes de la batalla.

Esta batalla, lo sé, nadie podrá jamás ganar,
sin devotamente buscarlo a Él.
El enemigo ha tratado duramente de mantenerme
en pecado, sin embargo, he pedido a Dios fuerzas internas.

Yo sé, que ese día, pronto vendrá cuando claramente,
podré ver ganada la batalla.

Last Night I Cried for a Friend

"Rejoice with Those Who Rejoice,
Cry with Those Who Cry"
(Romans 12:15)

Last night I cried out all night
as I saw your painful smile.
I wondered how to turn the night
to make you see the world shine.

I know your life's flavor has only been bitter,
yet you have lived it with so much sweetness.
You are so strange. The whole world could be
a much better place when there is no more sickness.

In the morning, I was smiling as I saw
you, knowing that you are the best warrior.
And you did not know that salty rain sat
on my face all night. I used a useless waiver.

Because I did not see you last night as usual,
Your pain, my pain, like Christ's, saved.

Anoche lloré por una amiga

"Alégrense con los que están alegres;
lloren con los que lloran"
(Romanos 12, 15)

Anoche lloré toda la noche
al ver su dolorosa sonrisa.
Me pregunté cómo cambiar la noche
para hacerla ver el mundo brillar.

Sé que el sabor de tu vida ha sido tan amargo,
Sin embargo, tú lo has vivido,
con tanta dulzura. Eres tan extraña.
El mundo entero podría ser un lugar
mucho mejor cuando no haya nadie enfermo.

En la mañana estaba sonriendo cuando
te vi, sabía que eras la mejor guerrera.
Y tú no supiste que aquella lluvia salada
durmió sobre mi rostro toda la noche.
Usé aquella renuncia inefectiva.

Porque no te vi, anoche como usualmente,
tu dolor, mi dolor, como el de Cristo, salvó el día.

Placing My Hope in God

"We Must Trust the Power of God"
(Ephesians 6:10)

The Lord remains in me. As I put faith in Him.
Even in life dark nights,
He gives me great hope and power within
to win this uneven fight.

I will endure, with hope and great faith,
for no power can ever be so great,
as my hope in God's mercy and might.
He gives each day without having to wait.

Even in most painful yellow moments,
I see bright green light with future days
of strength, rising with colorful movements
in the powerful path of trust every day.

I can only trust in the One that made me.
That blue light inside radiates hope too.

Depositando mis esperanzas en Dios

"Debemos confiar en el poder de Dios"
(Efesios 6, 10)

El Señor me saneará. Cuando coloque mi fe en Él.
Aun en las obscuras noches de la vida,
Él me da esperanzas y poder interno
para ganar esta desigual batalla.

Triunfaré, con esperanza y gran fe,
porque jamás habrá poder tan inmenso
como mi esperanza en la misericordia
de Dios. Él me da cada día, sin espera.

En los momentos más dolorosamente amarillos,
veo días de brillantes luces verdes, con futuros días
de fortaleza, surgiendo de coloridos movimientos,
en la poderosa senda de confianza cada día.
Solamente puedo confiar en aquel que me hizo.
Aquella luz azul interna, irradia esperanza también.

Living with Cancer

"God Opens Doors for those Keeping His Word"
(Revelations 3:8)

I am the one living in the strangest world.
My world is so much closer to that black hole
that even the brave lions fear to wade.
I am praying and hoping to remain whole.

I have been living under the reign of king pain
where I see stars in shapes until the road's end
and still walk, seeking more milk and sugar in vain.
My body can only take so much before that bend.

Now I know all about living without life's pleasures
of eating, drinking, smelling, touching, and even seeing
the worldly things I once liked and saw as favorite preys.
I am still living. Even with cancer. I still will be singing.

Thank God I am still living even with cancer. I am still
living, searching, and loving too, more than ever.

Viviendo con cáncer

"Dios abre puertas para los que observan su palabra"
(Apocalipsis 3, 8)

Yo soy aquel viviendo en el mundo más extraño;
mi mundo es tanto más cercano al agujero negro
que aun los valientes leones temen transitar.
Estoy orando y deseando mantenerme completo.

He estado viviendo en el reino del rey dolor
donde veo estrellas de todo tipo, hasta el final
del camino y todavía continúo pidiendo más
leche en vano.
Mi cuerpo solamente puede aguantar hasta la curva.

Ahora, comprendo todo, lo de vivir sin placer:
de comer, tomar, oler, tocar y hasta de ver,
las cosas del mundo que antes eran mis presas
favoritas.
Todavía estoy viviendo. Aún con cáncer. Todavía
Estaré cantando.

Gracias a Dios, todavía estoy viviendo, aún con cáncer.
Todavía estoy viviendo, buscando y amando también,
mucho más que antes.

In Those Dark Days

"God Gives Us Spirit of Power, Love,
and Sound Mind, Even When
We Are in Danger"
(2 Timothy 1:7)

In those dark days, when the heavy, long journey
seemed so cloudy when profound despair
battled together, like soldiers in desperate army,
wrestling the winter within, just hoping to cope.

Those dark days, even then, there was a cutting
arm. Those days, I still moved proudly everywhere.
Those dark, gloomy days, life seemed like an empty cup.
I wished someone would set some warm milk in there.

More than ever before, during those dark days, I learned
to be humbler than a pet. I fell from that height.
Sickness soon showed me my strong grip was so loose
I landed faster than any plane. He was the highest.

In those dark days, I learned that HE and only He
remains above everyone: He came deep down in me.

Aquellos días oscuros

"Dios nos da espíritu de poder, amor y mente
sana, aun cuando estamos en peligro."
(2 Timoteo 1, 7)

En aquellos días cuando el largo, pesado camino
parecía tan nublado, y profunda desesperación
luchaban juntas, como soldados en ejército
luchando contra el invierno interno con la esperanza
de sobrevivir.

Esos días, aun entonces, y allí, había un
arma cortante. Yo caminaba todavía orgullosamente
por todas partes.
Aquellos días oscuros, mi vida parecía una copa vacía.
Esperaba que alguien colocara un poco de leche tibia en él.

Mas que antes, durante aquellos días, aprendí
a ser más humilde que una mascota. Caí de aquella
altura. La enfermedad pronto me enseñó que mi fuerte
apretón estaba suelto. Aterricé más rápido que
cualquier avión. Solamente Él era el más alto.

En aquellos días oscuros, aprendí que Él y solo Él
permanece arriba de todo el mundo. Vino profundamente
dentro de mí.

Ten Thousand Miles
Away from Panama

"We Must Always Stay Close to God, Even When
Distance Separates Us"
(Psalm 73:28)

Ten thousand miles away, I first felt God's love.
There, I had planted two loving seeds. Growing
in faith, they remained asking for help from above.
They had learned blessings rain when praying.

Ten thousand miles away, two souls remained
so close to my heart I could feel them.
How nice it was to see our love had flourished,
like from our Father above to His children.

No distance or time could take away the glue
that sealed the love God planted in our hearts.
Nothing so clear as the sky, when painted in blue,
shows how warm words stick and gives that heat.

How nice it was to see my loving plants grow in love
to give me tasteful fruit for the spirit when most needed.

A diez mil millas de Panamá

"Debemos permanecer cerca de Dios,
aun cuando la distancia nos separa"
(Salmo 73, 28)

A diez mil millas de distancia, primero sentí
el amor de Dios. Allí sembré dos semillas
amorosos. Madurando en fe, permanecieron
pidiendo ayuda de arriba. Aprendieron que bendiciones
lloverán cuando oraciones realicen.

A diez mil millas de distancia aquellas almas
permanecieron tan cerca a mi corazón que podía
sentirlas. Que rico era ver nuestro amor florecer
como el del Padre arriba hacia sus hijos.

Ninguna distancia, ni tiempo podría quitar el pegamento
que selló el amor que Dios sembró en nuestros corazones.
Nada tan claro como el firmamento
cuando pintado de azul
ilustra como dulces palabras unen y dan aquel calor.

Que dulce fue ver mis amorosas plantas crecer en amor,
para brindarme deliciosa fruta al espíritu cuando más
lo necesitaba.

God Orders and Human Behavior

"We Must Recognize Our Sins and
Acknowledge That God Is Just"
(Psalm 51:4)

I made one earth for all to live.
You shared it up, your way.
I gave an order with love: to forgive.
You broke that rule too, anyway.

I made one sun to serve everyone.
You used other sources to do everything.
Again, the rule was broken by someone.
I still gave resources to make new things.

I made trees to give you clean air,
Yet you decided to go and pollute:
Air, water, food. That is so unfair.
You work hard only to contaminate.

I made all of you equal. You invented
differences. You became so different!

Las órdenes de Dios y la conducta humana

"Debemos reconocer nuestros pecados
y ver que Dios es justo."
(Salmo 51, 4)

Hice una tierra para que todos vivieran en ella.
Ustedes, la partieron a su manera.
Di una orden con amor: perdonar.
Quebraron esa regla de todas maneras.

Hice un solo sol para servir a todos:
usaron otras fuentes para hacer todo.
Otra vez, mis reglas fueron violadas.
Aun así, los ayudo a encontrar
recursos para producir nuevas cosas.

Hice árboles para darles aire limpio.
Sin embargo, decidieron solo ensuciar;
el aire, el agua y la comida. Eso ha sido
tan injusto. Solo trabajan para contaminar.

Los hice todos iguales. Ustedes inventaron diferencias:
¡Se han vuelto tan diferentes!

I Love My Church

"Thank God We Have Listened to His
Words and Believed from the Heart"
(Romans 6:17)

I love my church and to praise God.
I love my church
To praise.
I love
To praise God.

I want to go to my church.
I want
to go
To my church.

I love to praise God.
I love to
Praise
God.

Thank God I love my church.
Thank God
I love
My church.

Me gusta mi Iglesia

"Gracias a Dios hemos escuchado sus
palabras y creído desde el corazón"
(Romanos 6, 17)

Me gusta mi Iglesia y adorar a Dios.
Me gusta mi Iglesia
para adorar.
Me gusta
adorar a Dios.

Quiero ir a mi Iglesia.
Quiero
ir
a mi Iglesia

Me gusta adorar a Dios.
Me gusta
adorar
a Dios.

Gracias a Dios me gusta mi Iglesia.
Gracias a Dios
me gusta
mi Iglesia.

God's Word

"We Must Know That God Is Faithful and
Takes Care Forever of Those Obeying
His Rules"
(Deuteronomy 7:9)

As that glorious light penetrates
the human spirit, darkness seems
dead. The word instantly generates
wisdom and removes the path of sins.

Each word raises the soul on stage
closer, with power, to the source
of light. Each part, on each page,
each line—penetrating resource!

God's Word remains everlasting tree.
It provides nourishing fruits of life:
With it, sins die; humans become free
to live shinning without deadly strife.

The receiver of His precious Word,
walks with sword that cleans this world.

La palabra de Dios

"Debemos saber que Dios cumple, y
cuida para siempre, a los que siguen
sus mandamientos"
(Deuteronomio 7, 9)

Al penetrar esa luz el espíritu humano,
la oscuridad aparece muerta.
La palabra genera conocimiento
y remueve el camino del pecado.

Cada palabra, levanta el espíritu en el escenario,
con poder hacia la fuente de luz: cada parte,
cada página, cada línea. Penetrante recurso,
llena de energía que a humanos mantiene vivos.

La palabra de Dios es un árbol eterno que da
frutos inagotables. Él mismo derrite los pecados,
libera humanos, para vivir brillando sin mortíferos
problemas.

El que recibe su gloriosa palabra camina
con espada que limpia este mundo.

Taking Radiation

"When We Feel Anxious Seek God
For Consolation of the Soul."
(Psalm 94:19)

As I walked through the gray road,
I wondered where I soon would be?
As I reached that hospital, I roused
to reality. I knew God was with me.

When I got on that red machine,
I felt like newborn chicken.
As I prayed, I knew it would be fine:
God's power was everything.

As time flew faster than my imagination,
I felt profound relief. Minutes of death, gone.
With help from God, I regained relaxation.
The anxiety at this moment of the day was done.

I return to the hospice through that road
that now seemed all green and greeting.

Tomando radiación

"Cuando nos sentimos ansiosos, busquemos
a Dios para consolar nuestras almas"
(Salmo 94, 19)

Mientras caminaba por el camino gris,
me preguntaba ¿dónde estaría pronto?
Al llegar a aquel hospital, me desperté
a la realidad. Sabía que Dios estaba conmigo.

Al llegar el momento, me monté en aquella máquina.
Me sentí como un pollito recién nacido.
Al orarle a Dios, sabía que todo estaría bien:
Dios tenía poder sobre todo en el mundo.

Al volar el tiempo más rápido que mi imaginación,
sentí profundo relajamiento. Minutos
de muerte murieron.
La ansiedad en este momento del día había terminado.

Retorné a la Casa de Esperanza por aquel camino
que ahora parecía todo verde, y daba bienvenida.

Two Loving Stars

"We Must Love One Another because
God Orders Us to Do So
Forever"
(Romans 13:8)

I saw two stars coming down from Milwaukee
and stopping at Tampa Bay.
The two stars came intimately close to warm me.
They twinkled and began to pray.

Their inner light shined so bright and deep,
sparkles could be seen anywhere they wished.
I was happy to receive them. That, indeed,
illuminated the brightest day I could ever wish.

My heart was asking these two stars to remain
together, warming the whole world with that light
God gave them. They might even deep in, contain
as much material to give energy, long life, and lift.

I had dreamed about that star I saw for the first time. I
saw it, curiously, not so distant,
or different. It liked that dim!

Dos estrellas amorosas

"Debemos amarnos los unos a otros
porque Dios nos ordena hacerlo"
(Romanos 13, 8)

Yo vi dos estrellas bajando desde Milwaukee,
y deteniéndose en Tampa Bay.
Las dos estrellas llegaron íntimamente cerca.
Destellaban y comenzaban a orar.

Su luz interna iluminaba tan fuerte y profundo,
sus destellos podrían alcanzar donde quisieran.
Estaba contento de recibirlos. Eso en efecto,
iluminó el día más brillante hubiese podido desear.

Mi corazón pedía a estas dos estrellas que
permanecieran juntas, brindándole calor al
mundo entero con esa luz, Dios les dio.
Ellas podrían contener profundamente adentro
suficiente material para brindar energía, larga
vida y felicidad.

Había soñado acerca de aquella estrella que veía
por vez primera. La vi curiosamente, no tan distante,
ni diferente. ¡Le gustaba aquel oscuro!

God Helped Me Fight This Cancer

"Christ Tells Us Not Be Afraid,
He Is Always with Us."
(Revelations 1:17)

The fight was tough from the beginning.
Each painful blow, something hard like rock.
Yet I went in with His help, hoping to win,
as courageous underdog, to give that shock.

My contender was incredibly small, yet shot
so hard: his blows could kill a healthy world.
That killer was stubborn and crazy like a goat,
but each time I went down, God had me upward.

The fight was very uneven. I could not even see
the enemy that threw punches day and night.
Fighting against Quixote's swirls, I did not foresee
early on, with His right punch, I would win that fight.

The fight was over, hopefully forever, although that
stubborn little devil keeps challenging God's hand.

Dios me ayudó a combatir este cáncer

"Cristo nos dice no tengamos miedo, él
siempre está con nosotros."
(Apocalipsis 1, 17)

La pelea era difícil desde el principio,
cada doloroso golpe, duro como piedra.
Pero, entré con su ayuda, confiado en ganar
como aquel corajudo desvalido que da sorpresas.

Mi contendiente era increíblemente pequeño, pero
tiraba tan duro: sus golpes podrían matar al mundo
entero. Ese asesino era testarudo y loco como una cabra,
pero cada vez que me caía, Dios me levantaba.

La pelea era desigual. No podía, siquiera, ver al enemigo
que tiraba golpes día y noche. Peleaba como contra los
remolinos del Quijote.
Al principio no podía predecir que con su derecha
ganaría aquella pelea.

La pelea había terminado, ojalá, para siempre:
Sin embargo, aquel pequeño diablo testarudo
continúa retando la mano de Dios.

Anxiety in That Place

"Jesus Helps Us During Storms"
(Matthew 8:26)

There were strange feelings in the air:
Everyone seemed deeply worried.
Their yellow faces reflected life unfair
when everything appeared so wounded.

When troubles knocked that slim door,
we asked the Lord for help.
His loving power always seemed to pour
calm in that place of hope.

We listened to many troublesome stories,
and together we placed trust in God.
We knew His power could erase all worries
and bring serenity in the life of all for good.

Many found God and peace long searched
in a most unexpected place. God lived here too

Ansiedad en aquel lugar

"Jesús nos ayuda durante las tormentas"
(Mateo 8, 26)

Había sentimientos extraños en el aire:
Todo el mundo parecía profundamente
preocupado.
Sus pálidas caras reflejaban
lo injusto de la vida,
cuando todo parecía tan herido.

Cuando los dolores golpeaban
aquellas delgadas vidas,
pedíamos a Dios misericordia.
Su amoroso poder parecía
siempre derramar calma, en
aquel lugar de esperanza.

Escuchamos numerosas historias dolorosas
y juntos pusimos confianza en Dios.
Sabíamos que su poder podría borrar
todas las preocupaciones.
Y traer serenidad en la vida de todos
para siempre.

Muchos encontraron la paz largamente
buscada en lugar más inesperado.
Dios vivia aquí también.

I Am Not There with You Anymore

"God Remains Present with His
People Anywhere They Go"
(Exodus 33:14)

I am not there anymore with you.
No more signs of my movements,
lingering days and nights, still, yearn.
Only colorful sketches of those mornings.

Someone else is in that unforgettable chair,
where I sat like a wounded soldier every morning,
praying to the King of kings for Him to clear
mankind from the pains of cancer and mourning.

I knew that one day I would leave everyone,
departing to where I came from, with the pain
of leaving behind my seat, smile, and everything.
It should be no surprise; I will paint this so plain.

I remember those wonderful nights when I
stayed on your balcony to see the sky
and wonder if tomorrow I will be able to fly
free like a bird, returning to sing and ask why.

I am not there anymore to see the words I wrote
on your walls and to smell the roses I planted.

Ya no estoy allí contigo

"Dios se mantiene presente con su
gente donde sea que vayan."
(Éxodos 33, 14)

Ya no estoy allí contigo,
ya no hay señales de mis movimientos,
solo persistentes memorias y nostalgias
de días y noches. Solamente, coloridos
dibujos de aquellas mañanas.

Alguien está sentado en aquella inolvidable silla
donde me sentaba como soldado herido
todas las mañanas.
Orándole al Rey de reyes para aclarar del camino
de la humanidad, los dolores y lamentos por el cáncer.

Sabía que algún día, dejaría a todos
temprano en la mañana;
partiendo hacia ese lugar de donde vine,
dejando atrás con dolor, mi silla, y sonrisa.
No debería sorprender que pinte, esto, tan claro.

Recuerdo, aquellas noches maravillosas cuando
me mantenía en tus balcones viendo el firmamento
y me preguntaba, si mañana, volaría libre,
como un pájaro, y retornar preguntando ¿por qué?

Ya no estoy allí para ver las palabras que escribí
en tus paredes, u oler las rosas que sembré en ti.

Jesus Gives Life

"Jesus Tells Us to Spread God's Word
and Gives Life Even To
Those Near Death"
(Romans 4:17)

When life seems to be disappearing,
remember, Jesus came to give
life. He will always be destroying
the worst enemy, never to forgive.

That enemy wants to see you dead.
He made you sin and still wants
to make you sick, always feeling dread.
Remember, Jesus, over us, watches.

When you need help for your health,
remember: Jesus has the power to
give health, long life, and wealth.
He awaits and gives protection too.

That enemy wants to see your yellow face
full of sickness. Jesus, soon, will cure you.

Jesús da vida

"Jesús nos manda a divulgar la Palabra y
da vida aun a quienes están cerca de la
muerte"
(Romanos 4, 17)

Cuando la vida aparenta estar
desapareciendo,
recuerde, Jesús vino para dar
vida. Siempre estará
destruyendo aquel peor enemigo
que nunca perdonará.

Aquel enemigo te quiere ver muerto.
Él te hizo pecar y todavía quiere
hacerte enfermo y siempre sintiendo
miedo. Recuerde, Jesús sobre nosotros
vigila.

Cuando necesitas ayuda para tu salud,
recuerde: Jesús tiene poder para dar
larga vida, salud y riqueza.
Él espera y brinda protección también.

Aquel enemigo quiere ver tu pálida cara
llena de enfermedad; Jesús pronto te curará.

Ask God for Healing

"We Must Ask God for What We
Need and He Will Give"
(Matthew 7:7)

God wants us to ask Him for healing.
He knows how we feel. He wants
to show His loving mercy by helping
us to recover and remain His servants.

God wants us to willingly do His will.
When we accept that He will give
Strength and health to all those ill,
He will look at our sins and forgive.

God wants us to ask Him now for everything.
He wants us to see how much love
He has retained. We will not feel anything
when we come to Him with our load.

For when we do His will, His promise will fulfill.
He will heal all our illnesses when we ask for that.

Pida saneamiento a Dios

"Debemos pedirle a Dios lo que
necesitamos y se nos dará"
(Mateo 7, 7)

Dios quiere que le pídanos por salud.
Él sabe cómo nos sentimos, y quiere
enseñarnos su amorosa misericordia;
al hacernos recobrar fuerzas y servirle.

Dios quiere que voluntariamente hagamos
su voluntad. Cuando aceptemos que Él puede
darnos fuerza y salud,
Él mirará nuestros pecados y los perdonará.

Dios quiere que le pidamos por todo.
Él quiere que veamos cuanto
amor ha retenido para nosotros: no sentiremos
nada, cuando venimos a Él con nuestra carga.

Porque cuando hagamos su voluntad, sus promesas
se cumplirán.
Él saneará nuestras enfermedades cuando pidamos eso.

He Brought Me Back

"Christ Governs in His House,
Which We Are. We Must
Remain in Hope Until the End."
(Hebrews 3:6)

I was near death. He brought me back
to live a new life traveling with Him.
I jumped up and quickly rode on His backs
toward the heights placed by Himself.

There, I was once again sitting in His home
where I once had heard His voice
in each corner of my soul but left for some
unknown cause. Now I was back to rejoice.

He brought me back to that place He lives.
He made me feel the bliss of living with Him.
That road stretched infinitely. I had traveled miles
from that unhealthy dump, to Him, in the heights.

The journey continues even with many roadblocks,
but on His backs, He stressed life of smooth!

Él me trajo de regreso

"Cristo gobierna en su casa, que somos
nosotros, debemos mantenernos con
esperanza hasta el final"
(Hebreos 3, 6)

Estaba cerca de la muerte,
Él me trajo de regreso
para vivir una nueva vida viajando con Él.
Salté y rápidamente monté en sus hombros
Hacia las alturas colocadas por Él mismo.

Allí, una vez más estaba en su hogar,
donde alguna vez había oído su voz
en cada esquina de mi alma, pero dejado
por alguna razón desconocida. Ahora estaba
de regreso para regocijarme.

Él me trajo de regreso a ese lugar donde vive.
Me hizo sentir la dicha de vivir con Él.
Aquel camino se estiraba infinitamente.
Había viajado desde insalubre basurero
hasta Él en las alturas.

El camino continuaba con dificultades, pero
en sus hombros, Él enfatizaba un camino
¡Suave!

Between Life and Death

"All Living Souls Have Hope"
(Ecclesiastes 9:4)

When I had got on that dangerous border,
the other side seemed so sore and scary.
The sight almost killed me. My stomach bore
harsh symptoms to death. Life seemed scanty.

This side of the border, the city showed some life,
yet on that dark spot, I was living with fear.
On this side remained a light: hope could lie
beyond, just waiting, to see how I would fare.

More and more, I was inclining over this side,
when that spiritual wind blew with force on me
as to confirm God's decision. Soon deep inside,
that idea, deadly idea, of crossing died in me.

I now know how it felt to be on the border
between life and death when Jesus saved me.

Entre la vida y la muerte

"Toda alma viviente tiene esperanza"
(Eclesiastés 9, 4)

Cuando pisé aquella peligrosa frontera
el otro lado parecía tan insano y terrible.
La escena casi me mata. Mi estómago
soportó duros síntomas de muerte.
La vida parecía acabarse.

De este lado de la frontera, la ciudad mostraba
algo de vida. Sin embargo, en este sitio oscuro vivía
con temor.
De este lado, permanecía una luz: la esperanza
podría estar allí, justamente, en el fondo, esperando
para observar mi desempeño.

Cuando de pronto sobre mí sopló un fuerte
viento espiritual, como para confirmar la
decisión Divina.
Pronto muy dentro, aquella idea, mortífera idea,
murió dentro de mí.

Ahora sé cómo se sentía estar en la frontera,
entre la vida y la muerte, cuando Jesús me salvó.

Radiation Therapy

"God Words Can Heal and Save from Death"
(Psalms 107:20)

When that time of day came,
my body began preparing for that daily
encounter while I slowly became
like well-filled dam, releasing on rainy days.

I had never undressed this way before,
barely without clothes, like newlywed,
going to that intimate encounter, only to bear
intense scrutiny of my body, so navigated.

Each second on that machine became
ten centuries of punishment. I would lay
like a lifeless body until wanted time came.
Then I would rise faster than I had laid.

Silently, I gave thanks to God and "goodbye,"
I said to the radiation therapy for today.

Terapia radioactiva

"La palabra de Dios puede sanear
y salvar de la muerte."
(Salmo 107, 20)

Cuando se acercaba aquella hora del día,
mi cuerpo se preparaba para su diario
encuentro. Mientras, lentamente, me
convertía como en represa llena, lista para
descargar en días lluviosos.

Jamás me había desvestido de esta manera,
casi desnudo, como recién casado, yendo
a ese intimo encuentro, solamente para
soportar intenso escrutinio de mi cuerpo,
tan navegado.

Cada segundo en aquella máquina, eran
diez siglos de castigo. Me acostaría como
cuerpo sin vida, hasta que llegara el tiempo
esperado.
Luego, me levantaría con mayor velocidad
que como me había acostado.

Silenciosamente, le di gracias a Dios y "adiós"
le dije, a la terapia radioactiva por hoy.

The Cancer Survivor

"We Must Ask to Count Our Days And
Dedicate Our Hearts with Wisdom to God"
(Psalm 90:12)

I came back from that war with traumas
that remember the blasts. Still living to tell
with deep pain how I waded in trenches
and survived the horrors with salty tears.

I have learned how powerful is this
enemy. He moved silently like the devil.
Hidden, he would ambush at any time,
even harder than before. Life seemed at peril.

I now live on vegetables as God wanted
from the beginning. I continue to pray
for His help to survive. That enemy waged
many more wars, but I gave God all praise.

Today, I give God thanks for every new day
and remain vigilant too while enjoying the victory.

El sobreviviente de cáncer

"Debemos pedir el contar nuestros
días y dedicar nuestros corazones
con sabiduría a Dios"
(Salmo 90, 12)

Regresé de aquella guerra con traumas
que recuerdan los bombazos. Todavía
viviendo para decir, con profundo dolor,
como me movía con dificultad en las
trincheras,
y sobreviví los horrores con lágrimas
saladas.

He aprendido lo poderoso que es este
enemigo. Se mueve silenciosamente,
como el diablo.
Escondido, él podría emboscar en cualquier
momento, aún más fuerte que antes. La vida
pareciera en peligro.

Ahora vivo de vegetales, como Dios quiso
desde el principio. Continúo orando
por su ayuda para sobrevivir. Aquel enemigo
comenzó muchas otras guerras, pero alabanzas
a Dios, seguí dando.

Hoy, le doy gracias a Dios, por cada nuevo día
y me mantengo vigilante también. Mientras
disfruto la victoria.

Part II

The Gifts from God for People with Cancer

Parte II

Los regalos de Dios para la gente con cáncer

In Those Cancer Centers

"We Must Wish for Others' Health"
(III John 1:2)

In those dedicated places on earth,
angels practice so many miracles.
Each time with much sweeter ears,
men and women help ease miseries.

In those wonderful places on earth,
everybody is received with love:
No one rejects, no one abuse either.
Everyone looks to sound the bell loud.

There, the ringing bells tell the world:
whales have emerged from the deep
waters and, again, ride the wonderful
world, gasping fresh air and doing deeds.

Only then, these centers make great sense
to those never caring, about the care given.

En los centros de cáncer

"Debemos desearle salud a los demás"
(3 Juan 1, 2)

Aquellos dedicados lugares en la tierra,
donde los ángeles practican tantos
milagros,
cada vez, con oídos más dulces
hombres y mujeres ayudan a aliviar
miserias.

En aquellos lugares maravillosos en la tierra,
todo el mundo es recibido con amor:
nadie rechaza, nadie es abusado tampoco.
Todo el mundo busca sonar la campana
con fuerza.

Allí, las sonantes campanas le dicen al mundo:
ballenas han surgidos de aguas profundas.
Y, nuevamente, montan las olas maravillosas
del mundo con aire fresco, y haciendo nuevas cosas.

Solo entonces, estos centros tienen gran sentido
para aquellos que nunca les interesó el cuidado dado.

Song to the Moffitt Cancer Center

"If We Obey God's Commandments,
He Will Heal Us"
(Exodus 15:26)

There is a place that God made for us:
That place hospices the brave warriors.
That place remains clean and famous.
There, willingness will never find waiver.

There is only one place where earthly gods
do the ritual of saving lives days and nights,
where our cold bodies feel those warm gloves.
Only there, one gets muffins and eats as knights.

There is only one place where I got the food of life
in loving arms, linked so closely to my "Alma Mater."
In that place, I felt at home with mother's love.
Now such yearning, for both, nothing else matters.

The only place on earth where God saved
my body to join with spirit, I ask
the purpose.

Canción al centro de Cáncer Mofitt

"Si obedecemos los mandamientos
de Dios, Él nos sana."
(Éxodos 15, 26)

Hay un lugar que Dios hizo para nosotros:
Ese lugar hospeda a los valientes guerreros.
Ese lugar permanece limpio y famoso,
allí la nunca se renuncia a la disponibilidad.

Hay un solo lugar en la tierra donde los dioses
terrenales hacen el ritual de salvar día y noche.
Donde nuestros fríos cuerpos sienten aquellos
tibios guantes. Solamente allí, uno pide "muffins"
y come como aventurero.

Hay un solo lugar donde recibía el alimento de vida
en brazos amorosos fuertemente ligados a mi *Alma Mater*.
En aquel lugar me sentía en casa
con el amor de madre. Ahora tengo deseo por ambos,
ya nada importa.

El único lugar, en la tierra, donde Dios salvó mi cuerpo,
para juntarlo con mi espíritu. Me pregunto el propósito.

God Provides a Place to Live

"God Gives His Children a Place to Go and
Provides Everything for Them"
(Joshua 24:13)

I wondered what to do and where to go.
Suddenly, I saw what the Lord provided.
There soon, I would live and undergo
the greatest transformation ever lived.

I had come with nothing to talk about
and nothing to live for even though
I wanted to live forever and say aloud
I am healthy. What would I go through?

At first, this place seemed as boring as
any broken record. But this was the place
God had provided. The place, I would ask:
What am I doing here, on earth, for the pass?

I should have known from the beginning. He
always provide a place to live and see miracles.

Dios provee un lugar para vivir

"Dios les da a sus hijos un lugar para ir y les
provee con todo"
(Josué 24, 13)

Me preguntaba qué hacer, y dónde ir.
Repentinamente, vi lo que el Señor
me había proveído.
Donde pronto viviría y tendría la mayor
transformación jamás vivida.

Había llegado con nada de qué hablar,
y nada del por qué vivir, a pesar de que,
quería vivir para siempre, y decir en voz
alta: Estoy saludable. ¿Por qué tendría que
pasar?

Al principio, el lugar parecía tan aburrido
como un disco rayado. Pero, este era el
lugar que Dios me había proveído. El lugar
donde me preguntaría, ¿qué estoy haciendo
aquí, en la tierra, para lograr mi pasaje?

Debí haberlo sabido, desde el principio.
Él siempre provee un lugar para vivir y ver
milagros.

Recognizing the Hope Lodge

"God Will Let Us Have Everything
to Do the Good Work."
(2 Corinthians 9:8)

In your clean white kitchens,
I prepared rich foods and drinks.

In your wonderful dining room,
I gained friends like in classrooms.

In lovely soft beds, I slept and dreamed
all the way, with loving words, I went.

On your back porch, I admired nature
relaxed and imagined a green future.

In your beautiful living room, I felt at home
with family and friends always welcome.

In everywhere and everything, I enjoyed
your love and facilities cleverly deployed.

In you, God expressed love in every way.
In that thorny journey, you made life all the way.

Reconociendo el hogar de la esperanza

"Dios hará que tengamos todas las cosas
para poder hacer buenas obras."
(2 de Corintios 9, 8)

En tu limpia y blanca cocina,
preparé ricas comidas y bebidas.

En tu maravilloso comedor,
gané amigos como en salones de clases.

En tu suave, amorosa cama dormí y soñé
todo el camino con palabras amorosas fui.

En tu patio admiré la naturaleza,
me relajé e imaginé un verde futuro.

En tu bella sala, me sentí en casa,
con familia y amigos siempre bienvenidos.

En todas partes y en todo disfruté de tu amor
y facilidades inteligentemente desplegadas.

Dios en ti expresó su amor en todas las formas.
En mi espinoso viaje, hiciste vida, todo el camino.

That Wonderful Place of Hope

"God Prepared His People to Do Good Works"
(Ephesians 2:10)

That wonderful place of hope
near virulent enemy's home,
where the Lord planted His love
everything tasted like honey.

That wonderful place of hope
God made available for every soul
to embrace and praise above
everything he made so wonderful.

That wonderful place of hope,
where God's blessings remain alive,
where workers work as at home,
for everyone to drink the juice of life.

That wonderful place of hope receives everyone
of God's children, hoping to help save lives!

Aquel lugar maravilloso de esperanza

"Dios preparó su gente para hacer buenas obras"
(Efesios 2, 10)

Aquel maravilloso lugar de esperanza,
cerca del hogar del virulento enemigo,
donde el Señor sembró su amor,
donde todo tenía sabor a miel.

Aquel maravilloso lugar de esperanza,
Dios hizo disponible para toda alma,
para abrazar y adorar arriba
por todas las cosas; Él hizo tan maravilloso.

Aquel maravilloso lugar de esperanza,
donde las bendiciones de Dios permanecen,
donde los trabajadores velan como en casa,
para que todos puedan tomar el jugo de la vida.

Aquel maravilloso lugar de esperanza recibe todos
los hijos de Dios con esperanza de ayudar a salvar vidas.

Inspirational Room 202

"Day and Night God Listened to My Prayers in That
Intimate Place"
(1 Kings 8:29)

I entered your heart with my sweetheart
as marvelous keys of joy and praise.
Like first-time visitors going to the heartland,
you gave welcome with natural peace.

I entered your arms like a yearning child
coming to his father. Then I kissed her
and relaxed. Soon, your unexpected clamor:
to have everything remain very hermetic.

When I sat before that unforgettable desk,
I was careful not to write about your resolve
That I should not ever leave you with a desire
to feel fresh and clean. Never contract rescinds.

That desk where I wrote my poems tells you
every day it was all about God's will.

Cuarto 202 de inspiración

"Día y noche Dios escuchaba mis oraciones
en aquel intimo lugar"
(1 Reyes 8, 29)

Entré a tu corazón con mi querida,
como maravillosas llaves de alegría y adoración.
Como un nuevo visitante al interior del país,
me diste la bienvenida con naturaleza de paz.

Entré a tus brazos como un niño
que anhela a su padre. Allí, la besé
y descansé. Escuché tu inesperado clamor:
Que siempre dejara todo perfectamente hermético.

Cuando me senté frente aquel inolvidable escritorio,
fui cuidadoso de no escribir acerca de tu resolución:
que nunca debería dejarte con el deseo de sentirte
fresco y limpio. Nunca el contrato rescinde.

Aquel escritorio donde escribí mis poemas
te dice, todos los días, todo era voluntad de Dios.

The Winn Dixie Room

"When We Praise the Lord, It Makes Us Happy"
(Psalm 9:2)

The majestic room where everything took place
remained the most charming place in the world of hope.
Here, everyone ate and drank at a different pace.
Each moment kissed those souls feeling like at home.

In the Winn Dixie room, brave warriors fought to unite
and develop friendships, enduring as the best steel.
The mix of people from four corners, this room unified
like family. No one ever took that gift as some steal.

Every anticipating night new crew of angels descended
on this room with smiles, gifts, songs, and food too.
Nowhere, seemed so perfect to make love than this den
where lions rested after devouring everything in the zoo.

The Winn Dixie room proved an
exciting, sensational place
where even in pain, we saw God on
sight. He remained plain.

El salón Winn Dixie

"Cuando alabamos a Dios, nos hace feliz"
(Salmo 9, 2)

El majestuoso cuarto donde todo ocurría,
seguía siendo el lugar más encantador en
el mundo de la esperanza.
Aquí, todo el mundo comió y bebió a su paso.
Cada momento besó aquellas almas
sintiéndose como en casa.

En el salón Winn Dixie valientes guerreros lucharon
para formar amistades más duraderas que el mejor
acero. La mezcla de gente de las
cuatro esquinas, este salón,
unificaba como familia. Nunca nadie tomó ese regalo
como un robo.

Cada anticipada noche, nuevos
grupos de ángeles descendían
sobre este salón, con sonrisas, regalos,
canciones, y comidas
también. Ningún lugar parecía tan perfecto para hacer
el amor que esta cueva, donde los leones descansaban
después de devorar todo el zoológico.

El salón Winn Dixie probó ser excitante, sensacional lugar
donde aun en dolor, veíamos a Dios.
Él siguió siendo claro.

Bingo

"There Is a Time for Everything Including Pleasure"
(Ecclesiastes 3:4)

In the well-packed grand chamber,
emotions increased with each stir.
Sweet voices called out numbers,
repeated by foreigners in their style.

All eyes moved at lighting speed
over unmistakable cards and numbers.
Each being voicing hopes, giving plead
above to be the one winning all others.

Soon came the most thrilling moment: someone
voiced out, "Bingo!" But suddenly, the hall was
without noise. Everyone waiting for the one,
indeed, blessed to have on this day Christmas.

Everyone celebrated this exciting moment:
It was always nice to see a sad one happy!

Bingo

"Hay un tiempo para cada cosa,
incluso para divertirse"
(Eclesiates 3, 4)

En la repleta, grandiosa sala,
las emociones aumentaban
con cada girar.
Dulces voces cantaban números
repetidos por extranjeros
en sus lenguas.

Todos los ojos se movían a velocidad de luz
sobre inconfundibles tarjetas y números.
Cada ser, vociferando esperanzas,
dando plegarias al cielo, para ser aquel
ganándole a los demás.

Pronto vino el momento más trinado.
Alguien vociferó: "¡Bingo!". Pero, repentinamente
el salón quedó en silencio. Todo el mundo
quedaba a la expectativa, para ver el bendecido
para tener su Navidad en este día.

Todos celebraban este momento excitante:
Siempre era agradable ver a una persona triste, ¡feliz!

Home of Hope Revisited

"God Eyes Will Be Upon This
House, Day and Night"
(2 Chronicles 6:20)

I slowly walked across that dreaded field
where some time ago, I feared the sun
and used an umbrella. There was a feeling
of excitement, to again, see my place of fun.

My home away from home was at my sight.
Then the roses I had planted spoke even louder.
They were welcoming the cultivator of nights
that remained interesting to the weak, sick lover.

When the door flashed open, I could not talk.
Excitement, married with surprise, had framed me.
So many new faces, in my home, saying how that
was, perhaps, the best time to hear my message.

The message of God's love for cancer people too,
I had come to deliver to my special family of hope.

Hogar de esperanza revisitado

"Los ojos de Dios estarán sobre esta casa día y noche"
(2 Crónicas 6, 20)

Caminé lentamente por aquel campo indeseado
donde en un tiempo atrás temía al sol
y usaba un paraguas. Había un sentimiento,
de ansiedad, de ver nuevamente, mi lugar
de placer.

Mi hogar lejos de hogar estaba a vista,
entonces las rosas que había sembrado
hablaron aun más fuerte. Le estaban dando
la bienvenida a su cultivador de noches
que seguía siendo interesante para aquel
débil, amante enfermo.

Cuando la puerta se abrió, no podía hablar.
Alegría, casado con sorpresa me habían tomado.
Tantas caras nuevas diciendo como ese
era, quizás, el mejor momento para escuchar
mi mensaje.

El mensaje del amor de Dios para la gente
con cáncer también, que yo había venido
para dar a mi familia especial de esperanza.

Part III

Cancer Patients and Friends at the Hope Lodge

Parte III

Pacientes con cáncer y amigos en el hogar de la esperanza

The Lighthouse That Guides in Hope

"The Light of Christ Shines with Good Work."
(Ephesians 2:10)

That lighthouse shined bright in the rough dark sea
of loss individuals seeking secure port to stay.
That lighthouse attracted everyone and had them see
the daily way, the careful steps, at every stage.

That lighthouse constantly guided to a safe port
where life began again as it were before.
With each new day, a new crew for support
and more oil from above, bestowed, beloved.

When the sun rose in the west, that
powerful, energetic light
reflected with all furor, disgusts for life-threatening error,
which might have been committed
by humans not listening
to godly messages, signals, and directions, to avoid horror.

The guiding light could remain: if
the energy continued coming
from God. That commander at the
helm promised to continue.

El faro que guía en ese lugar de esperanza

"La luz de cristo brilla con buen trabajo."
(Efesios 2, 10)

Ese faro brillaba brillante en el oscuro, picado
mar de individuos perdidos buscando puerto
seguro.
Ese faro atraía a todo el mundo y los hacía ver
el camino diario, los pasos seguros, en cada fase.

Ese faro constantemente guiaba a puerto seguro
donde la vida comenzaba nuevamente, como
lo fue antes. Cada nuevo día, una nueva tripulación
que apoyaba y más aceite desde arriba, derramado
sobre los amados.

El día que el sol salió por el oeste, esa poderosa luz reflejó
todo su furor, disgustado, por errores que amenazaban
la vida humana, que podrían haber
sido hechos por humanos
que no escuchaban el mensaje Divino,
señales, y direcciones
para evitar horror.

Esa luz guiadora podría eternizar: si la energía continuase
viniendo de Dios. Esa comandante al
mando prometió continuar.

To That Cuban Worker

"We Must Always Work for the Glory of God"
(Colossians 3:23)

From the pearl of the Caribbean came,
that Cuban worker escaping from captivity,
following in everything her new captain:
cleaning, coating, making it like cake.

She worked with elegance and grace.
Her greatest virtue: to make the grass
around the palace stay green and grow.
Her work plentiful, her wages, tiny gross.

One night, she crashed into me. Not nice.
This was time to talk, even when she never
had time to talk. The scandal was not wise.
No one ever knew how not to fall in her net.

I got strapped in her love for that island of sugar,
where in the spring of my life, I had tasted its "blue sea."

Canto a una trabajadora cubana

"Siempre debemos trabajar para honrar a Dios"
(Colosenses 3, 23)

Desde la perla del caribe vino aquella trabajadora
cubana, escapando del cautiverio,
siguiendo en todo a su nueva capitana:
limpiando, pintando, haciendo aparecer todo como
un dulce.

Ella trabajada con gracia y elegancia,
su mayor virtud: hacer que la hierba
alrededor del palacio se mantuviera verde.
Su trabajo, muchísimo, su salario poco en total.

Una noche ella se estrelló conmigo. Nada bueno.
Este era tiempo para hablar, aun cuando ella
nunca tenía tiempo para hablar. El escándalo
no era bueno. Nadie supo, jamás, cómo no caer
en sus redes.

Me vi atrapado en su amor por aquella isla
del azúcar
donde en la primavera de mi vida había saboreado
su "mar azul".

Remembering My Friend from India

"True Friendship Remains Forever"
(2 Timothy 1:3)

I had walked the entire world and passionately searched
for someone near to give and receive full trust.
The search continued for weeks until I saw the selected
one, my Lord had assigned the job to help fight distrust.

We bonded, chatted, and seemingly refused,
to walk away before praising this new framework.
She listened to my ideas; her support resulted
unimaginable as I raced to finish and print my work.

She had been there for me from the beginning
when I would walk past, despising cinnamon skin,
and captivating eyes asking for my blessing
as a guest. The good God will forgive my ugly sin.

Why did it take me so long to find her
beauty inside? My Mother Teresa.

Recordando a mi amiga de la India

"La verdadera amistad perdura para siempre"
(2 Timoteo 1, 3)

Había caminado el mundo entero y apasionadamente
buscaba
alguien cerca para dar y recibir confianza.
La búsqueda continuaba por semanas,
hasta que vi la persona seleccionada,
que el Señor había asignado el trabajo
de ayudarme a combatir esta desconfianza.

Hablamos, depositamos confianza, y visiblemente
nos negamos a separarnos, antes de bendecir
este nuevo pacto.
Ella escuchó mis ideas; su apoyo resultó inimaginable,
al correr para terminar e imprimir mis trabajos.

Ella había estado allí para mí, desde el principio
cuando la pasaría, despreciando su piel canela,
y ojos llamativos, pidiendo mi bendición, como
un huésped. El buen Dios perdonará mi feo
pecado.
¿Por qué me tomó tanto tiempo encontrar
su belleza interna? Mi Madre Teresa.

To All Caregivers

"God Works in Some People to
Produce Good Actions."
(Philippians 2:13)

You are the ones that stay with others
at their side all day and night.
Working for nothing and putting order
in everything. The ones proving nice.

When the world seems to be leaving
and no one else cares about anything,
you are the ones that keep us living
nice and confident, nothing annoying.

You are the ones that do not leave to eat,
drink, sleep, or even talk to someone away.
You are the ones that weirdly look to the east
for the sun in the night, hoping to make fun anyway.

You are the ones keeping others life moving every day
Even when you do not even control your own life.

A todas las cuidadoras y cuidadores

"Dios trabaja en ciertas personas para
producir buenas acciones"
(Filipenses 2, 13)

Ustedes son los que se quedan con otros
todo el día y la noche a su lado.
Trabajando por nada y poniendo orden
en todo. Los que han probado ser dulces.

Cuando el mundo parece estar partiendo,
y nadie más le importa, acerca de algo,
ustedes nos mantienen viviendo
bien y confidente, nada molestoso ocurrirá.
Ustedes son los que no salen para comer,
beber, dormir o hasta hablar con alguien
distante.

Ustedes son los que increíblemente buscan
el sol en el este por las noches, esperando
hacer divertir de todas maneras.

Ustedes son los que mantienen la vida de otros
moviéndose, aunque no tienen control de la propia.

I Recognize My Special Caregiver

"My Caregiver Does Everything
For True Love"
(1 Corinthians 13:4)

My caregiver always cared for me
like that star that shines and guides.
Her light always remained with me.
My caregiver remained at my side.

The Lord sealed our ties in this journey.
In each step, I saw her loving shadow,
asking what else, to fight that enemy.
At my side, she made a wonderful show.

My caregiver smiled with me every night.
Even in her dreams, she made me happy.
In the mornings, crazy praying for tonight
as if her world would finish unhappy.

That mission from God was given like the sun:
To help preserve my life for what remains unknown.

Reconozco a mi cuidadora especial

"Mi cuidadora hace todo por el verdadero amor"
(1 corintios 13, 4)

Mi cuidadora siempre cuidaba de mí
como aquella estrella que brilla,
su luz siempre continuaba conmigo
como guía.
Mi cuidadora permanecía a mi lado.

El Señor selló nuestros lazos en este viaje.
En cada paso vi su amorosa sombra,
preguntando qué más, para batallar
aquel enemigo vicioso.
A mi lado, me hizo ver maravillosas fiestas.

Mi cuidadora se sonreía conmigo todas
las noches. Aun en sus sueños, persistía
en hacerme feliz. En las mañanas, rezaba
locamente para la noche,
como si su mundo fuese a terminar infeliz.

Esa misión fue dada por Dios como el sol:
para ayudar a preservar mi vida, para lo que
aún sigue siendo desconocido.

God Bless My Friend from El Salvador

"God Has Promised to Cure Even
Those That Humanity Discards."
(Jeremiah 30:17)

She was most optimistic and friendly,
like nightingales, she sang best at night.
Though, like millions, she had forcefully
flew to safe nest from that site of nothing.

She seemed to be the best mother:
her songs so sweet, her showing
of children, volcanoes, and motherland,
reminds of "Romero" and sacrificing.

She brought that cool air, like the Pacific,
that kisses those beaches. Always thinking
of the return, the nest, the life, the panoramic
out the woods, hoping to save her lovely pact.

God bless Cyndi's eyes of light and life.
Every night, she brought to our table, her liveliness!

Dios bendiga mi amiga de El Salvador

"Dios ha prometido curar aun a aquellos
que la humanidad desecha"
(Jeremías 30, 17)

Ella era la más optimista y amigable,
como los ruiseñores cantaba mejor de noche.
A pesar de que, como millones, ella había
volado forzadamente a un nido seguro desde
ese sitio de nada.

Ella parecía la mejor madre: sus canciones,
sus muestras de hijos, volcanes y patria
recordaban a "Romero" y el sacrificio.

Ella trajo ese suave aire, como el Pacífico,
que besa aquellas playas. Siempre pensando
en el retorno, la vida, el nido, la panorámica
fuera del bosque, esperando salvar su pacto
amoroso.

Dios bendiga los ojos de luz y vida de Cyndi.
Cada noche traía a nuestra mesa, ¡su alegría!

God Bless My Friends from the Dominican Republic

"When There Are Two or More Praying
For Something, God Will Provide It."
(Matthew 18:19)

I searched the dining room for someone to talk.
I saw a couple whispering like lovers
in codes that seemed like images of my tracks.
They appeared to be friendly and loving.

I sent a message, they understood the code
and responded; soon it was all talking and
sharing everything. We saw a time to come
when this friendship would grow and only add.

We got so close, our pains became the same.
We went to the beaches, heard the music
spoke about baseball and food too. This scene
gave life, even when her cancer was ironic.

The Lord did take her back home. But before, He
made me meet these home run kings in the best home.

Dios bendiga mis amigos de la República Dominicana

"Si hay por lo menos dos personas orando
por lo mismo, el Padre Celestial se los dará"
(Mateo 18, 19)

Busqué con quien hablar en el comedor,
vi una pareja, susurrando como enamorados;
en códigos que parecían imágenes de mis pasos.
Aparentaban ser amigables y cariñosos.

Envié un mensaje. Entendieron el código
y respondieron: pronto, era todo hablar
y compartir todo; vimos un tiempo por venir
cuando esta amistad crecería y florecería.

Llegamos a estar tan cerca, que nuestros dolores
eran uno. Fuimos a la playa, escuchamos música,
hablamos de béisbol y comida también. Esta escena
daba vida, aun cuando su cáncer era irónico.

El Señor se la llevó de regreso a casa. Pero antes,
me permitió conocer a estos reyes del *home run*
en la mejor casa.

God Bless My Mexican-American Friend

"Faith Shows Us Things Impossible
to See with Our Eyes."
(Hebrews 11:1)

I met a Mexican-American woman
that spoke very slowly, seeking good.
She made me see those nice two worlds
in her life. That was a gift coming from God.

She spoke in two languages about the two
lives: in different environments, two cultures,
two schools, two economies. Adored in two
countries too. No side really held a patent.

Unlike others, her eyes were shattered
by the virulent enemy. Yet her clean heart
made her see, the world so scattered
that others saws as good, normal, and hearty.

She spoke to everyone without distinction.
Perhaps, from young, she saw real love.

Dios bendiga mi amiga
mejicana-americana

"La fe nos muestra cosas imposibles
de ver con nuestros ojos"
(Hebreos 11, 1)

Conocí una dama mejicana-americana
que hablaba lentamente, pero buscando
el bien. Ella me hizo ver aquellos dos buenos
mundos en su vida. Aquello era un regalo
proviniendo de Dios.

Ella hablaba en dos idiomas, acerca de dos vidas,
en dos países: en diferentes ambientes, dos culturas,
dos escuelas, dos economías. Adoraba en dos
lados de la frontera también. Ningún lado realmente
tenía patente.

Distinto a otros, sus ojos estaban destrozados
por aquel virulento enemigo. Sin embargo,
su limpio corazón la hizo ver el mundo tan
desunido que otros vieron como bueno,
normal y grandioso.

Ella le hablaba a todo el mundo sin distinción.
Quizás, desde pequeña vio el amor verdadero.

God Bless My Puerto Rican Friend

"God Can Do Everything, If We Have Faith in Him"
(Hebrews 11:12)

I saw a star from the old San Juan sliding
in slowly through the window, seeking
to warm someone wanting light. I was still
inside when came the shiniest I had ever seen.

As the light came in, some began singing
sacred songs to Jesus. Every soul felt special.
Loving smiles, sprinkling sweet smell on the site,
satisfying music, soft as silk, and all spiritual.

On the island of enchantment, the stunning
beaches spoke, but here, this sister's sincere
sympathy was a soothing sedative to stumbling
souls. Her superb words shinned in the scene.

She sounded like an angel of the Lord, specially sent
from that island to proclaim: He is Sovereign.

Dios bendiga mi amiga de Puerto Rico

"Dios puede hacer todo, si tenemos fe en Él"
(Hebreos 11, 12)

Vi una estrella del viejo San Juan entrando
lentamente por la ventana, queriendo
calentar a alguien en búsqueda de luz.
Yo estaba todavía adentro, cuando llegó
lo más brillante que habría visto.

Al entrar la luz, algunos comenzaron a elevar
canciones sagradas a Jesús. Cada alma
se sentía especial. Sonrisas amorosas,
irradiando dulces olores en el sitio.
Música satisfactoria, suave como la seda,
y todo espiritual.

En la isla del encanto, las espectaculares playas
hablan, pero aquí, la sincera simpatía de esta
hermana, era calmante adecuado para las
almas caídas. Sus grandiosas palabras
brillaron en la escena.

Ella sonaba como ángel del Señor, especialmente
enviada, desde aquella isla, para proclamar:
Él es el soberano.

God Bless Nancy

"If We Do Good to Others, We Will Also
Receive Good, Whatever Is Our Situation"
(Ephesians 6:8)

The beauty and fancy,
the smile and feel,
she showed and carried
in her ocean deep
precious eyes.
In that place, she hoped
for God's mercy.

She made that bell ring,
So loud in my humble soul.
I woke up from that dream
And, again, found how much
love and care she carries to
that island of my summer days.

I raised my daily prayers
in that place of hope,
and in my heart, I ask God
to keep her tender touch
and bless her special walks
even more days than eternity.

Dios bendiga a Nancy

"Si hacemos buenas obras, recibiremos
buenas cosas cualquiera sea nuestra
situación"
(Efesios 6, 8)

Lo bello y valioso,
la sonrisa y sentimiento,
ella mostraba y llevaba,
en sus preciosos ojos
con profundidad de océano.
En aquel lugar, ella tenía
esperanza en la misericordia
del Señor.

Ella hizo sonar esa campana,
tan fuerte, en mi humilde alma,
me despertó de aquel sueño.
Y, nuevamente, encontré
cuanto amor y cuidado
ella llevaba a esa isla
de mis días de verano.

Levanto mis oraciones diarias
en ese lugar de esperanza,
y en mi corazón,
le pido a Dios
que mantenga su ternura de persona,
y bendiga su caminar especial
aún más días que la eternidad.

God Bless That Bahama Mama

"The Lord Has Selected Some
To Help Cure the Sick"
(James 5:14)

From the Bahamas came a little nurse
flying to this ocean of illness and despair.
Her only mission would be as a nutritionist
feeding those fighting not to disappear.

Her stay lasted little enough to make the
world wonder how deep her ocean was
when she surfaced and evaporated as if she
could not swim and feed in one, always.

Before leaving, her voice rocked this place:
Not for saying what to eat, rather, for shouting
winning numbers with God's grace in a palace.
Unlikely place to find herself as a queen of the show.

It was those nights when she would look at my table,
blink, and smile, saying: "I will be
the winner, tonight, again."

Dios bendiga esa Bahama Mama

"Dios ha seleccionado ciertas personas de
fe para ayudar a sanar a los enfermos"
(Santiago 5, 14)

Desde las Bahamas vino una pequeña enfermera,
volando hacia este océano de enfermedades
y desesperación. Su única misión sería de una
nutricionista, brindando de comer a los que luchaban
por no desaparecer.

Su estadía fue tan corta, el mundo entero se preguntaba
qué tan profundo su océano, cuando surgió y se evaporó,
como si no pudiera nadar y alimentar al mismo tiempo.

Antes de irse, su voz estremeció este lugar: no por decir
qué comer, más bien por cantar los números ganadores
con la gracia de Dios en palacio. Inesperado lugar,
para ser reina de este espectáculo.

Eran aquellas noches, cuando ella miraría a mi mesa,
y sonreída diría: "Seré ganadora, esta noche, nuevamente".

That Godly Man

"Some People Are Sanctified by the
Word of God to Do His Will"
(1 Timothy 4:4–5)

The house became blessed with that man of God
that had a special call coming from heaven.
He taught the word, played the piano, and song good.
Making all the people in the hall see love hidden.

He gave the Words of God to desperate souls
hungry as roaring lions, seeking the food of life.
The Bible is the most powerful weapon that soldier
used in conquering the house while flashing light.

His powerful voice made ceiling and walls fell. Yet, every
engaging word prevailed in the hearts and minds
of avid listeners. His humor too kept engaged everyone.
This messenger reminded all servants of their mission.

He had come to receive help with his worldly troubles.
He ended up giving more spiritual help than expected.

Aquel hombre de Dios

"Algunas personas son santificadas por la
Palabra de Dios para hacer su voluntad"
(1 Timoteo 4, 4–5)

La casa se convirtió en bendecida con aquel hombre
de Dios,
que tenía una especial llamada desde el cielo.
Él enseñaba la palabra, tocaba el piano
y cantaba.
Haciendo que todos en la sala vieran su amor escondido.

Él le daba la palabra de Dios a desesperadas almas
hambrientas como leones rugiendo, buscando
el alimento de la vida.
La Biblia el arma más poderosa que aquel soldado
utilizaba para conquistar la casa, mientras hacía
resplandecer su luz.

Su poderosa voz hizo caer paredes. Sin embargo,
palabras atractivas quedaron en las mentes y corazones
de ávidos escuchadores. Su humor también mantuvo
comprometidos a todos. Este mensajero, recordaba
a todos los sirvientes acerca de su misión.

Él había venido para recibir ayuda con sus problemas
de este mundo.
Él terminó dando más ayuda espiritual que lo esperado.

My Friend from Nebraska

"Everything Belongs to God
We Must Take Good Care of What He Gave Us"
(Job 41:11)

That wise man from Nebraska knew the value of life.
He claimed precious, clean waters of our mountains
are more valuable than all nations' money. There lies
the fountain of life. That lesson he
taught in the mornings.

In the evenings, I would watch his jogging to the hospital.
I had hoped for a rapid return to learn more about
life deep inside our American heartland and how hostile
forces kept cutting down trees in our lands above.

Soon, we could be left without air, water, and earth too.
With all the money, humans would have no life.
Even in the seas, pollution. Then the race might turn to
destroy the universe, madly only in our lifetime.

That wise man from Nebraska got his love for nature from
the One in the highest. He reminded
me of the Greatest Teacher.

Mi amigo de Nebraska

"Todo pertenece a Dios. Debemos
cuidar lo que nos ha dado"
(Job 41, 11)

Aquel hombre inteligente de Nebraska sabía
el valor de la vida.
Él planteaba que las preciosas, aguas limpias
de nuestras montañas son más valiosas
que el dinero de todas las naciones. Allí descansa
La fuente de vida. Esa lección él nos daba en las
mañanas.

En las tardes, lo observaba trotar hacia el hospital.
Esperaba su pronto retorno para aprender más
acerca de la vida, profundamente, dentro del corazón
de nuestra América. Y como las fuerzas hostiles
continuaban derrumbando árboles en nuestras
tierras altas.

Pronto podríamos quedarnos sin agua, aire, y tierra
también. Con todo el dinero, los humanos no tendríamos
vida. Aun en los mares degradación. Entonces, la carrera
podría girar hacia la destrucción del universo, locamente,
Solo en nuestros tiempos.

The Good Man from Wyoming

"We Must Honor the Lord with All What We Have
And It Will Be Increased."
(Proverbs 3:9–10)

One afternoon, I met someone with a good heart,
he had come from Wyoming with burning love
for everyone, like hot coal from those heavy
burners in his own home. His warmth, never low.

That good man came with much wealth, wisdom,
and kindness. He would gently dissect everywhere
to see where needed repair or replacement, and within
seconds, the bride had her dress. Not going elsewhere.

Yet humble as any freshman in famous New Haven.
He played songs, joked, spoke, and listened
to everyone; especially for every female, he would have
millions of gifs and jokes. None, never, even listed.

Even suffering, he was happily
sharing, perhaps to illustrate
God has many ways of showing His love to everyone.

El buen hombre de Wyoming

"Debemos honrar a Dios con todo lo
que tenemos y será aumentado"
(Proverbios 3, 9–10)

Una tarde, conocí a alguien con un buen corazón,
él había venido desde Wyoming con un amor ardiente
para todos; como el caliente carbón de los pesados
quemadores en su propia casa. Calor que nunca desaparecía.

Aquel buen hombre, vino con mucho
dinero, conocimiento
y bondad. Gentilmente, disecaría
todo el lugar para ver donde
necesitaría reparaciones o reemplazos
y dentro de segundos,
la novia tendría su traje. No íbamos a otra parte.

Sin embargo, humilde como un novato
en el famoso New Haven,
jugaba, hablaba, cantaba, hacía
bromas y escuchaba a todos:
Especialmente, para las mujeres, tendría
millones de regalos y bromas.
Ninguna, siquiera, jamás se habría enrolado.

Aun sufriendo, era feliz compartiendo, quizás para ilustrar
que Dios tiene muchas maneras de demostrar su amor
a todo el mundo.

Godly Woman from Minnesota

"We Will Endure Difficulties but Remain
Showing Proof of Our Ministry."
(2 Timothy 4:5)

From Minnesota, she came with Bible in hand.
She told everyone that she served the Lord.
Her hired caregiver seemed to do no harm.
No one knew yet which would be most loved.

They both were godly women, competing for
total attention. Each in different ways was admired.
Perhaps the lady from Fitzgerald's became by far
favorite. Empathy. She battled hard to be admitted.

She came so far following that one man she thought
could save from the rage of that virulent enemy,
only to enter fight over God's Word all the way through
the stay. Her paid caregiver had become her worst enemy.

How foolish to be fighting over God's Word among
humans. He loves us all, even more the sick ones!

Mujer divina de Minnesota

"Tendremos dificultades, pero debemos
permanecer mostrando prueba de nuestro
ministerio"
(2 de Timoteo 4, 5)

De Minnesota vino ella con Biblia en su mano.
Le dijo a todo el mundo que a Dios servía.
Su cuidadora contratada parecía no hacer daño,
Nadie sabía, todavía, cuál sería más amada.

Las dos eran mujeres de Dios compitiendo para total
atención. Cada una en forma diferente era admirada.
Quizás, la dama de la tierra de Fitzgerald se convirtió
por lejos en la favorita. Empatía. Ella luchó duro para
ser admitida.

Ella vino de tan lejos, siguiendo aquel único hombre,
que pensó podría salvarla de la rabia del virulento
enemigo; solo para encontrarse en lucha sobre la palabra
de Dios, durante toda la estadía. Su cuidadora pagada
se había convertido en su peor enemiga.

Que tontería estar peleando sobre la palabra de Dios,
entre humanos. Él nos ama, a todos, aun más, a los
que sufrimos de enfermedades.

Song to My Ecuadorians Friends

"The Gracious Woman Shall
Be Honored"
(Proverbs 11:16)

I saw two beautiful flowers from that curious land,
where plants and animals scream in a most strange
language with variety in form and kind. Such landscape
nowhere else but where north and south start range.

Those flowers came with all the fragrance and softness,
of mixed blood, with a tender look in those eyes of hope.
They came to shock everyone with ways. Their shortness
grew in love each day, like lively creatures in their home.

Dumb in this land, their loving body
actions spoke so loudly.
Nobody could claim not understanding those gestures
of friendship. Clinging to me, who
seemed at a time so lonely
and different, oddly seemed an
environment of fun to get lures.

How graceful to have more than one tongue. To taste
friendship. To look out for others. To praise God too.

Canto a mis amigas ecuatorianas

"La mujer agraciada será honrada"
(Proverbios 11, 16)

Vi dos bellas flores de aquella tierra curiosa,
donde plantas y animales gritan en el lenguaje
más extraño con variedad en forma y clase.
Tal escenario en ninguna otra parte, solo allí,
donde el norte y el sur comienzan su rango.

Estas flores llegaron con toda la fragancia
y suavidad de sangre mezclada y ternura
en aquellos ojos de esperanza.
Llegaron para sorprender a todo el mundo. Su pequeña
estatura crecía en amor cada día, como las alegres
criaturas en su país.

Mudos en esta tierra, sus acciones
corporales hablaban claro.
Nadie podría no entender aquellos gestos de amistad.
Apegándose a mí, quien a veces aparecía tan solitario
y diferente, curiosamente parecía, ambiente divertido
para alcanzar atracciones.

Qué bueno tener más de una lengua.
Para saborear la amistad.
Para velar por otros. Para adorar a Dios también.

Part IV

Family Members and Support System Before, During, and After My Cancer Treatment

Parte IV

Familiares y sistema de apoyo antes, durante y después del tratamiento del cáncer

My Incredible Wife

"Finding a Virtuous Wife Is Having
Something Above All Price"
(Proverbs 31:10)

God placed her near to my soul and heart.
My wife for life, she shares every turn
the sun makes. Her passion shows heat
like the closest star to earth. No U-turn.

Our children are crafted by her in God's love
for humanity. Endless love, her greatest
creation, enduring like universal patient lone
bitterness, enclosed in sickness greetings.

When the day's end approached, searching
for more time to kiss and play forever,
dreaming life will never end and keep seeing
that incredible fantasy as a new foreigner.

That persistence was not to be found in another
human. Only my wife's love, so stubborn and crazy.

Mi increíble esposa

"Encontrar una esposa virtuosa es obtener
algo por encima de todo precio"
(Proverbios 31, 10)

Dios la colocó cerca de mi alma y corazón.
Mi esposa por vida, ella comparte cada
vuelta que hace el sol. Su pasión muestra
el calor, como la estrella más cercana
a la tierra. Ninguna vuelta en forma de U.

Nuestros hijos diseñados, por ella, con amor
divino para la humanidad. Amor eterno,
su más grande creación. Persistente,
como la amargura universal, encerrada
en el paciente con saludos de enfermedad.

Cuando el día se acercaba a su final, buscaba
más tiempo para besar y jugar siempre,
pensando que la vida nunca terminaría,
y continuar viendo aquella increíble
fantasía como un nuevo extranjero.

Esa persistencia no podría ser encontrado
en ningún otro humano. Solo el amor de
mi esposa, tan testarudo y alocado.

Brotherly Love

"We Must Love Each Other as Brothers"
(Romans 12:10)

The Lord made my darkest night
receive light from that shining star
that came so close, warm, and bright
like writers showing depth and stark.

That star dwelled in the highest places
yet remained at my side day and night:
memories of shared innocent parties,
fabulous moments of greatest delight.

That star had turned all green when its
constellation's companion seemed
very dark. Turning and sending benefits,
that powerful star soared and swelled.

This sharp turn linked both stars as never before.
They learned to stay together as always should.

Amor de hermano

"Debemos amarnos como hermanos"
(Romanos 12, 10)

El Señor hizo que mi noche más oscura
recibiera luz de aquella estrella
que vino tan cerca, caliente y brillante
como escritores mostrando profundidad
y simpleza.

Aquella estrella vivía en los lugares más altos.
Sin embargo, permaneció a mi lado, día y noche:
memorias de fiestas inocentes compartidas,
momentos fabulosos de gran felicidad.

Aquella estrella se había vuelto toda verde,
cuando su compañero de constelación
parecía tan obscuro. Girando a la derecha,
mandando beneficios aquella poderosa estrella
creció y se expandió.

Este repentino giro, unió ambas estrellas,
como nunca. Aprendieron a mantenerse juntas
como siempre debió ser.

Sister in Georgia

"Brothers and Sisters Must Join in Singing
and Praising the Lord"
(Ephesians 5:19)

The distance was far but always close
was her spirit and loving voice,
traveling every day. She curiously chose
speaking until becoming voiceless.

Stopping her calling had become impossible:
the journey went from me, to other brothers,
to mother, to friends, to every incredible
topic—each word ushered to get me bolder.

What color is my shirt? Why do people grow?
Millions more illogical questions. How could
I stop her. She was crazier than any goat.
Perhaps, feeling me out, or trying to be cool.

Sometimes she would talk about God too.
She, like me, grew up always remembering.

Hermana en Georgia

"Los hermanos y hermanas debemos
unirnos en cantar y adorar a Dios"
(Efesios 5, 19)

La distancia era lejos, pero siempre cercana,
su espíritu y amable voz, viajando todos
los días. Curiosamente escogió hablar hasta
quedarse sin voz.

Parar sus llamadas se había convertido
en imposible. El viaje iba a otros hermanos,
a madre, a amigos, a cada increíble tema.
Cada palabra, dirigida a hacerme más fuerte.

¿De qué color es mi camisa? ¿Por qué la gente
crece? Millones más de preguntas ilógicas.
¿Cómo podría pararla? Era más loca que una cabra.
Quizás tanteándome, o tratando de ser refrescante.

A veces me hablaría de Dios también. Ella, como yo,
crecimos recordando.

Fidencia

"God Wants Families to Give Glory
and Power unto Him"
(1 Chronicle 16:28)

That angel came into my life
to care for me like a loving sister.
Her care kept me with life
to tell the world about our Master.

She made me a nice home to stay,
praise and worship. In everything,
displaying God's love all the way.
She was by far the greatest thing.

Always working like a slave:
her hands burned, her brains cracked,
her ways weird, her thoughts strange.
She never thought of escaping crowned.

I wonder what could I do to repay all
the care she worked so hard to make simple?

Fidencia

"Dios quiere que las familias le den gloria y poder"
(1 Crónicas 16, 28)

Aquella angelita vino a mi vida
a cuidarme como amable hermana.
Su cuidado me mantuvo con vida,
para decirle al mundo acerca de
nuestro Maestro.

Ella me hizo dulce hogar para quedar,
alabar y adorar en todo.
Desplegando el amor de Dios todo el camino,
ella era por mucho la mejor ayuda.

Siempre trabajando como moderna esclava:
sus manos quebradas, su cerebro partido,
sus formas raras, su pensamiento extraño.
Nunca pensó en escaparse de mi coronada.

Me pregunto, ¿qué pordría hacer para repagar
todo el cuidado que ella trabajó tan duro para
mantener simple?

Cambridge

"We Must Always Learn and Do Noble and
Excellent Things to Have Peace"
(Philippians 4:9)

I came to that place called Cambridge,
looked and walked all around
And felt like that place was the bridge
That God built to unite all grounds.

In Cambridge dwells the brains of our world,
like Athens in most glorious time.
Those that know the value of peace and words
always uplifting the world from thin.

In Cambridge, the world is only work and study.
The people seem to enjoy that life.
Everyone looks like a genius, always set and ready
To control the world of our crazy life.

I did not live there and yet was always there.
In my brother's life. It was only for me to see.

Cambridge

"Debemos siempre aprender y hacer cosas
nobles y excelentes para tener paz"
(Filipenses 4, 9)

Llegué a aquel lugar llamado Cambridge,
miré y caminé alrededor
y sentí como aquel lugar era el puente
que Dios construyó para unir todos los terrenos.

En Cambridge viven las mentes de nuestro mundo,
como Atenas en sus tiempos gloriosos.
Aquellos que saben el valor de paz y palabras
siempre levantando el mundo desde la nada.

En Cambridge el mundo es trabajo y estudio.
La gente parece disfrutar esa vida.
Todo el mundo parece genio listo para controlar
el mundo, de nuestra vida incontrolable.

Yo no vivía allí, sin embargo, siempre
estaba allí, en la vida de mi hermano.
Era solamente para que viera.

Philadelphia Lady

"By Working We Must Help Those in Need
God Said It Is Better to Give than to Receive."
(Acts 20:35)

A woman from Philadelphia saw me before ill.
She came flying like an eagle, knowing her power
and family instinct would take me over that hill.
She provided special care with mysterious powder.

The magical powder worked so well I gained a new life.
Delighted from distant lands, her heart said to me
How high the flight to reach the heavens as his wife,
saw God, and got the energy that softly lifted me.

That eagle became blind. Nevermore flew. Only
retained power through the distant sound
that occasionally woke me up and reminded me of holy
covenant to remain playing united under the sun.

I remain grateful to the Lord and that powerful eagle
that flew me from the depths back to the sky of life.

La dama de Filadelfia

"Trabajando debemos ayudar a los
necesitados. Dios dice es mejor dar que recibir"
(Hechos 20, 35)

Una dama de filadelfia me vio antes
de enfermarme. Ella vino volando
como un águila, sabiendo que su poder
e instinto familiar me harían cruzar
aquella loma. Ella me dio cuidado especial
con polvo misterioso.

El magnífico polvo trabajó tan bien que me dio
nueva vida. Contenta desde tierras distantes
su corazón me dijo que tan alto había volado
para alcanzar el cielo como su esposa; ver a Dios
y obtener la energía que me levantó.

Aquella águila se volvió ciega. Nunca más voló.
Solo obtuvo poder por medio del distante
sonido que, ocasionalmente, me despertaba
y recordaba el sagrado acuerdo de mantenernos
jugando unidos bajo el sol.

Continúo agradecido al Señor, y aquel poderoso
águila que me levantó desde las profundidades
y regresó hasta el cielo de la vida.

God Bless My Friend from South Carolina

"Friends Must Always Look to God
For Knowledge"
(Proverbs 14:18)

You are that friend the Lord gave me
from the beginning of times.
When I did not know His name, you got me.
You yelled it seven million times.

You are that friend the Lord gave me
from deep inside that countryside.
When I did not know to walk, you helped me,
you taught me to fly at His side.

You are that friend the Lord gave me
from the land of ignorance and red skies.
When the Bible was not read, you taught me
Fifty million things the Word of God shows.

You are that friend the Lord Gave me
to walk with all the time in His name.

Dios bendiga mi amiga
de Carolina del Sur

"Los amigos siempre deben buscar a
Dios para recibir sabiduría"
(Proverbios 14, 18)

Tú eres aquella amiga que el Señor me dio,
desde el inicio de los tiempos
cuando no conocía su nombre, me tuviste.
Me lo gritaste siete millones de veces.

Tú eres aquella amiga que el Señor me dio,
desde muy dentro aquella tierra.
Cuando no sabía caminar, me ayudaste.
Me hiciste volar a su lado.

Tú eres aquella amiga que el Señor me dio,
de aquella tierra de ignorancia y cielos rojos.
Cuando la Biblia no leía, tú me enseñaste
cincuenta millones de cosas la palabra de Dios
enseña.

Tú eres aquella amiga que el Señor me dio,
con quien caminar todo el tiempo
a su lado.

My Son in Wisconsin

"Children Must Follow God Rules As
Parents Taught Them to Have Peace."
(Philippians 4:9)

I played with him before he touched the earth
and was the first to see him swim.
His first move, more than earthquakes
rocking the suite, loud and sweet.

As he walked, I saw his loving ways grow
like the tallest tree in the world.
He was always seeking how to grow
higher and higher. I knew He would.

While I was sleeping, he swam the world
all the way to Wisconsin. There, he kissed
Jesuits, married law, to change the world.
With his sudden departure, I had been killed.

Now he toils in Chicago, still my growing son.
With the world changing faster than his power.

Mi hijo en Wisconsin

"Los hijos deben seguir las reglas de Dios
como fueron dados por los padres para
tener paz"
(Filipenses 4, 9)

Jugué con él antes que tocara la tierra
y fui el primero en verlo nadar.
Su primer movimiento más fuerte
que terremoto, sacudiendo el local
fuerte y dulcemente.

Al caminar, vi crecer sus maneras
amorosas como el árbol más alto en el mundo.
Siempre estaba buscando como crecer
más y más alto. Sabía que lo haría.

Mientras estaba durmiendo, nadó el mundo
hasta Wisconsin. Allí, besó a los Jesuitas, se casó
con el derecho, para cambiar el mundo.
Con su repentina partida, yo había sido asesinado.

Ahora, trabaja en Chicago, todavía, mi hijo
creciendo. Con el mundo cambiando más
rápido que su poder.

Rosita

"We Christians Must Help Others."
(Philippians 2:4)

The Lord planted that little rose in my garden
with charming aroma and beautiful petals.
Everyone in the house of the Lord gathered
in a familiar circle, song, praised, made petitions.

That little rose was soft and delicate too.
Like other flowers, disliked strong winds
that could be a threat to life or anything to
hurt. That rose showed beauty to win.

There was something peculiar about this rose:
it talked to me in the sweet language of love
and song with such delicate voice that arouses
even the dead in spirit and took away load.

The beauty married to sweet ways.
made this rose special to my eyes and soul.

Rosita

"Los cristianos debemos ayudar a los demás"
(Filipenses 2, 4)

El Señor sembró aquella pequeña rosa
en mi jardín, con su encantadora aroma
y bellos pétalos.
Todo el mundo en la casa del Señor
reunidos en círculo familiar, cantaba,
adoraba, y hacía peticiones.

Aquella pequeña rosa era suave y delicada
también. Como otras flores, no le gustaba
los fuertes vientos que amenazan la vida
o cualquier cosa que causara herida.
Aquella pequeña rosa mostró belleza para ganar.

Había algo peculiar acerca de aquella rosa,
me hablaba en dulce leguaje de amor
y cantaba con tanta delicadeza, levantaba
hasta los muertos en espíritu y aliviaba cargas.

La belleza casada con dulces maneras
hicieron de esta rosa algo especial, a mis ojos y alma.

Sister in New York

"We Must Take Wisdom as Our Sister and
Insight as Our Relative"
(Proverbs 7:4)

There, in the big city, someone close watched
the clock with heart in mouth, hoping not to faint
but to celebrate healthy life and praise. She wished
the relief would be lasting, incredible, and fantastic.

I did not know her love for God and me would
eventually lead to such a desperate bother. Until
when this, her brother, faced that deep wound.
Her honesty and loyalty seemed almost unreal.

That sister remained a source of strength like a root
that sustains a beaten tree. No wind would hurt.
These two branches steadily renewed rooting
for the Brooklyn Tabernacle where God remains hot.

The clock remained ticking, but now her heart
rejoiced to know we were back in that HOUSE.

Mi hermana de Nueva York

"Debemos tomar la sabiduría como
hermana y la inteligencia como pariente"
(Proverbios 7, 4)

Allí, en la gran ciudad, alguien cercano miraba
el reloj, con el corazón en la boca, con la esperanza
de no desmayarse, pero para celebrar mi vida saludable,
y adorar. Ella deseaba el remedio fuese duradero,
increíblemente fantástico.

Yo no sabía que su amor por Dios
y por mí, eventualmente,
la llevaría a tal desesperada preocupación,
hasta cuando, este, su hermano, enfrentó aquella
profunda herida.
Su honestidad y lealtad parecieron casi irreal.

Aquella hermana, continuó siendo fuente de energía
como raíz a ese árbol golpeado y abatido. Ningún
viento haría daño.
Estas dos ramas continuaron renovando sus deseos
para que el Tabernáculo de Brooklyn siguiera caliente
con Dios.

El reloj seguía moviéndose, pero ahora, su corazón
se regocijaba de saber que estábamos nuevamente
en aquella casa de Dios.

Daughter in New York

"We Must Always Ask God
What to Do"
(James 1:5)

Strange paradise, it was not to wonder
when the desire to be free invited to swim
cold waters, reaching that unknown stranger
leading to that port: she seemed to win.

There she expected to find her peace.
Yet, little did she enjoy. Failing rapport
made her return to the welcoming place.
Here, she found refuge and good support.

Like a roller coaster, her life took so many
dangerous turns: soon she learned to
live better with her feet on earth, and any
journey first consulted God, and mon too.

I knew she would return when life showed
The beauty of having loving parents forever.

Hija en Nueva York

"Siempre debemos preguntarle a Dios qué hacer"
(Santiago 1, 5)

Extraño paraíso, no era de extrañar
cuando el deseo de ser libre invitó a
nadar aguas frías, llegando a desconocido
extranjero, dirigiéndose a un puerto:
donde parecía ganar.

Allí esperaba encontrar su ansiada paz.
Sin embargo, poco disfrutó. La fallida
relación la hizo retornar al lugar de bienvenida.

Como montaña rusa, su vida tomó muchos
giros peligrosos; pronto aprendió a vivir mejor
con los pies en la tierra, y en cualquier viaje
consultar primero con Dios y madre también.

Sabía que regresaría cuando la vida le enseñara
lo bello de tener padres amorosos para siempre.

God's Children

"When Our Children Walk in God's Way
It Produces Happiness"
(3 John 1:4)

Look God's children are coming:
ringing, giggling, rushing, sniffing
in the kitchen and softly bumping
into each other, the scene, amazing.

When the time for school made a call,
the oldest mother in the world would
take them early and safely as she could,
only to make them and the world wonder.

These children were unlike most. They praised
more than play. They studied more than listen
to music; walked with an old mother, pleased
and funny. With her, they arrived, always living.

The old mother would always show love, teaching
to give God thanks for everything that makes life honey.

Mira, vienen los hijos de Dios

"Cuando nuestros hijos andan en el camino
de Dios nos produce felicidad"
(3 Juan 1, 4)

Mira, vienen los hijos de Dios,
tocando el timbre, corriendo, jugando,
olfateando en la cocina, y suavemente
golpeándose. La escena, asombrosa.

Cuando el tiempo para la escuela hacía
su llamado, la madre más vieja del mundo
los llevaría tan temprano y seguro como
pudiera.
Solo para hacerles y al mundo maravillarse.

Estos niños eran diferentes a la mayoría.
Adoraban, más que jugar. Estudiaban, más
que escuchar música, caminaban con una
vieja madre, contentos y divertidos. Con ella
siempre llegaban vivos.

La vieja madre, siempre mostraría amor, enseñando
darle gracias a Dios por todo lo que hace la vida miel.

Uncle James

"The Oppressed Will Find Freedom with God"
(Exodus 12:41)

Living to see the day blacks win the game,
Watching, day and night, to see our time come
when we will rapidly advance and make gain
like a powerful quarterback your run always coming.

Looking out tonight to give first-time visitors a welcome.
Coming out of that room to see everything new tonight.
When at last the world will know how great we become.
Wishing for that clock to show the
time of that night so bright.

Playing like a black quarterback
seeking help from God to win.
Bending down all night, expecting
to win without running,
thinking a miracle will happen. Not
knowing that God likes winners
working hard while praising. Remember,
the game is turning.

Changing the rules of the game will
not come rushing alone.
But with God's help, the playing
field, leveled before night.

Tío James

"Los oprimidos encontrarán la libertad con Dios"
(Éxodo 12, 41)

Viviendo para ver el día que los negros ganen el juego,
mirando, día y noche para ver nuestro tiempo llegar.
Cuando rápidamente avanzaremos y lograremos ganar.
Como poderoso mariscal de campo, tu
corrida siempre está por venir.

Observando esta noche, para darle
la bienvenida a visitantes.
saliendo de ese cuarto, para ver todo nuevo, esta noche.
Cuando al fin el mundo sabrá lo
grandioso nos hemos convertido.
Deseando aquel reloj para mostrar el
tiempo de esa noche tan brillante.
Jugando como mariscal de campo
negro, pidiendo ayuda de Dios
para ganar.

Agachándose toda la noche, esperando ganar sin correr,
pensando que un milagro ocurrirá.
Sin saber que a Dios le gusta
que los ganadores trabajen duro, mientras lo adoran.
Recuerda, el juego está cambiando.

Cambiando las reglas del juego no vendrá corriendo solo.
Pero con la ayuda de Dios el terreno,
nivelado, antes de la noche.

About the Author

Winston Malcolm Baxter is a Panamanian-American economist.

Between 1976 to 1982, he served as an economist at the Panamanian Ministry of Agriculture and Livestock. From 1982 to 1986, he was the coordinator of economic analysis at Panama's Banking Commission (now bank regulator).

Between 1982 and 1987 and again from the year 2000 to 2004, he was a professor of economics and corporate finance at the University of Panama. From 2016 to 2018, when he was diagnosed with cancer, he served as a professor of economics at the Metropolitan University of Science and Technology.

His previous publications are the following:

Panama's Contributions to the Development of the United States' Capital Accumulation and Power (English)

Panamá y sus Formas de Apoyar el Desarrollo de la Acumulación de Capital y Poder de los Estados Unidos.

Poetry. That Loving Crew at the Hope Lodge. American Cancer Society.

Sobre el Autor

Winston Malcolm Baxter es un economista panameño-estadounidense.

Entre 1976 y 1982 sirvió como economista en el Ministerio de Desarrollo Agropecuario. Entre 1982 y 1986, fue el coordinador de análisis económico en la Comisión Bancaria Nacional (ahora organismo de supervisión bancaria).

Desde 1982 a 1987 y nuevamente entre 2000 y 2004 fue profesor de economía y finanzas corporativas en la Universidad de Panamá. Desde el 2016 hasta el 2018 cuando fue diagnosticado con cáncer, trabajó como profesor de economía en la Universidad Metropolitana de Ciencia y Tecnología.

Sus publications anteriores son:

Panama's Contributions to the Development of the United States' Capital Accumulation and Power.
Panamá y sus Formas de Ayudar a los Estados Unidos a Acumular Riquezas y Poder.
Poesía. Aquel Equipo Amoroso En La Casa de Esperanza. (American Cáncer Society).

CPSIA information can be obtained
at www.ICGtesting.com
Printed in the USA
BVHW081901150222
629079BV00004B/288

9 781662 490590